W9-BBZ-579

Mi primera guía acerca del gobierno

¿Qué es la Constitución?

Nancy Harris

Heinemann Library
Chicago, IL

H HEINEMANN-RAINTREE

TO ORDER:

☎ Phone Customer Service **888-454-2279**

🖥 Visit **www.heinemannraintree.com** to browse our catalog and order online.

Editorial: Rebecca Rissman
Design: Kimberly R. Miracle and Betsy Wernert
Illustrations: Mapping Specialists
Photo Research: Tracy Cummins and Heather Mauldin
Production: Duncan Gilbert

Originated by Modern Age
Printed and bound by South China Printing Company
Translation into Spanish by DoubleO Publishing Services
The paper used to print this book comes from sustainable resources.

ISBN-13: 978-1-4329-1977-1 (hc)
ISBN-10: 1-4329-1977-6 (hc)
ISBN-13: 978-1-4329-1983-2 (pb)
ISBN-10: 1-4329-1983-0 (pb)

12 11 10 09 08
10 9 8 7 6 5 4 3 2 1

Library of Congress Cataloging-in-Publication Data

Harris, Nancy, 1956-
  [What's the U.S. Constitution? Spanish]
  ¿Qué es la constitución? / Nancy Harris.
     p. cm. -- (Mi primera guía acerca del gobierno)
  Includes index.
  ISBN 978-1-4329-1977-1 (hc) – ISBN 978-1-4329-1983-2 (pb)
  1. Constitutional law--United States--Juvenile literature.
  2. Constitutional history--United States--Juvenile literature. I. Title.
   KF4550.Z9H3518 2008
   342.7302--dc22
                        2008037303

Acknowledgments
The author and publisher are grateful to the following for permission to reproduce copyright material: ©Alamy **p. 5** (Glow Images); ©AP Photo **p. 29** (Ron Edmonds); ©Collection of the Supreme Court of the United States **p. 19**; ©Corbis **pp. 6** (Ken Cedeno), **16** (Gregg Newton), **17** (Tetra Images), **22** (Joe Marquette); ©Getty Images **pp. 7** (Joe Raedle), **11** (MPI); ©Library of Congress Prints and Photographs Division **p. 13**; ©North Wind Picture Archive **p. 9** (North Wind); ©Shutterstock **pp. 21** (Ricardo Garza), **24** (Bob Ainsworth); ©The Granger Collection, New York **pp. 10, 12, 14, 27**; ©The National Archives and Records Administration **p. 4, 23, 25, 28**.

Cover image used with permission of ©Jupiter Images (Tetra Images).

The publishers would like to thank Nancy Harris for her assistance in the preparation of this book.

3 1907 00295 4369

Contenido

Algunas palabras aparecen en negrita, **como éstas**.
Puedes averiguar su significado en el glosario.

¿Qué es la Constitución de los Estados Unidos?

La Constitución de los Estados Unidos es un **documento** (texto escrito) muy importante. Fue redactada por un grupo de hombres que vivía en los Estados Unidos de América. Cuando se escribió la Constitución, Estados Unidos era un país nuevo.

La Constitución consta de cuatro páginas.

★ El Capitolio de los Estados Unidos se encuentra en Washington, D.C.

La Constitución se redactó para explicar cómo debía funcionar el **gobierno federal** de los Estados Unidos. Éste dirige todo el país. La Constitución es una **ley** escrita (norma) que el gobierno federal debe respetar.

★ La Constitución otorga a las personas la libertad de expresión.

La Constitución describe los **derechos** de los habitantes de los Estados Unidos. Los derechos son libertades que las personas tienen. Éstos incluyen el derecho a expresar lo que uno cree. Las **leyes** de la Constitución deben ser respetadas por todas las personas en los Estados Unidos.

★ La Constitución otorga derechos a los nuevos ciudadanos.

La Constitución puede ser modificada. Estas modificaciones se llaman **enmiendas**. Las enmiendas se realizan para satisfacer las necesidades del país o de los estados individuales. También deben satisfacer las necesidades de los **ciudadanos** de los Estados Unidos. Los ciudadanos son las personas que viven en los Estados Unidos y pueden votar por sus dirigentes.

Historia de la Constitución

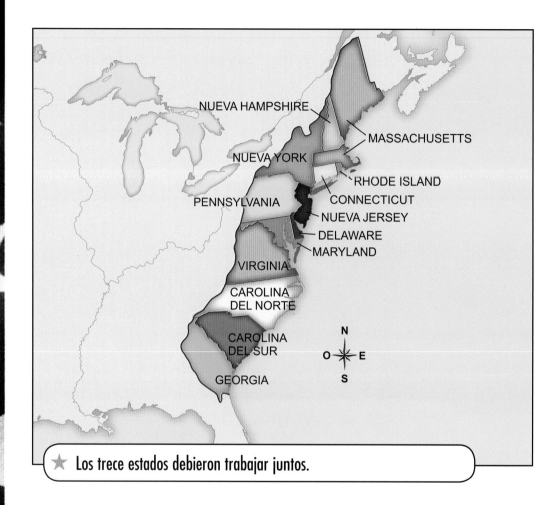

NUEVA HAMPSHIRE
MASSACHUSETTS
NUEVA YORK
RHODE ISLAND
CONNECTICUT
PENNSYLVANIA
NUEVA JERSEY
DELAWARE
MARYLAND
VIRGINIA
CAROLINA DEL NORTE
CAROLINA DEL SUR
GEORGIA

N
O E
S

★ Los trece estados debieron trabajar juntos.

Cuando los Estados Unidos se convirtió en un país, estaba compuesto solamente por trece estados. Cada estado disponía de su propio **documento** que establecía cómo su **gobierno estatal** debía gobernar el estado.

En 1776, las personas de los diferentes estados se unieron para crear los Estados Unidos. Decidieron que necesitaban un gobierno para gobernar todos los estados. También decidieron escribir un documento para crear normas sobre cómo funcionaría ese gobierno.

★ Personas destacadas se reunieron para crear el nuevo gobierno.

Los Artículos de la Confederación

El documento se llamó **Artículos de la Confederación** y se escribió en 1781. Los Artículos de la Confederación no otorgaban al gobierno demasiado poder sobre los estados. Los estadounidenses comprendieron que esto no funcionaba bien.

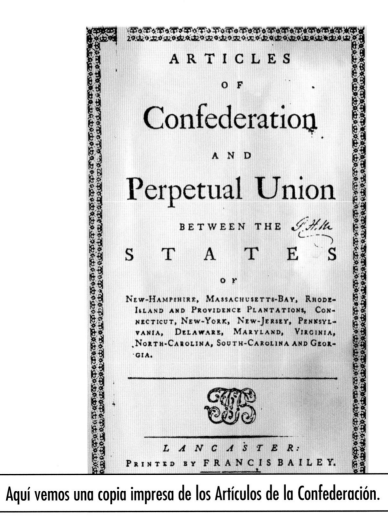

★ Aquí vemos una copia impresa de los Artículos de la Confederación.

Los estados necesitaban que los gobernara un gobierno más fuerte. Entonces, decidieron reelaborar los Artículos de la Confederación. Organizaron una reunión en la ciudad de Filadelfia. La reunión se llamó **Convención Constituyente**.

★ Los dirigentes se reunieron en la Sala de la Independencia en Filadelfia.

La redacción de la Constitución

La reunión incluyó un representante de cada estado, excepto por el estado de Rhode Island. Los representantes que asistieron a la reunión decidieron que redactarían un nuevo **documento** llamado Constitución de los Estados Unidos. Este documento sustituiría a los **Artículos de la Confederación**.

Los líderes estatales analizaron el tipo de gobierno que crearían.

★ George Washington

★ Benjamin Franklin

★ James Madison

★ Alexander Hamilton

La Constitución fue escrita por un grupo de hombres, que decidieron cómo funcionaría el **gobierno federal**. Algunos de estos hombres fueron James Madison, Alexander Hamilton, George Washington y Benjamin Franklin.

⭐ Una vez aprobada la Constitución, se procedió a firmarla.

La Constitución de los Estados Unidos se redactó en 1787. El 17 de septiembre de 1787 fue **aprobada** por los representantes que asistieron a la **Convención Constituyente**. También debió ser aceptada por los estados.

Nueve estados debían votar a favor de la Constitución para que se convirtiera en **ley**. El estado de Nueva Hampshire fue el noveno estado en aprobar la Constitución. Esto ocurrió en junio de 1788. La Constitución sustituyó entonces a los **Artículos de la Confederación**.

Hoy existen 50 estados. Todos deben respetar la ley de la Constitución de los Estados Unidos.

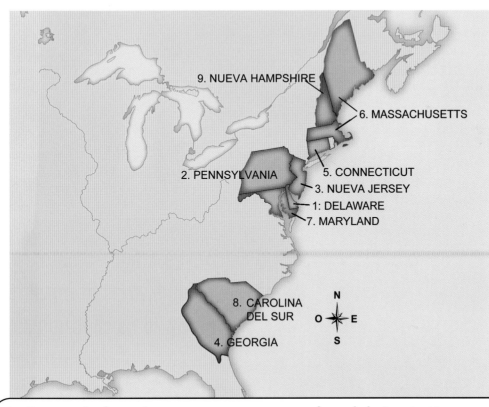

★ Estos estados fueron los primeros nueve en votar a favor de la Constitución.

Las partes de la Constitución

La Constitución de los Estados Unidos consta de tres partes:

- el **preámbulo** (explica por qué se redactó la Constitución)
- los **artículos** (explican cómo funciona el gobierno federal)
- las **enmiendas** (enumeran las modificaciones hechas a la Constitución)

★ La Constitución se exhibe en Washington, D.C.

El preámbulo

El preámbulo es la primera parte de la Constitución. Explica el motivo de la redacción de la Constitución. Fue elaborado para formar un **gobierno federal** fuerte.

★ El preámbulo es la introducción a la Constitución.

Artículos uno, dos y tres: El gobierno federal

La Constitución consta de siete **artículos**. Los primeros tres artículos describen cómo funciona el **gobierno federal**. Los padres fundadores dividieron el gobierno federal en tres ramas (partes). Éstas son:

- la **rama legislativa** (Artículo uno)
- la **rama ejecutiva** (Artículo dos)
- la **rama judicial** (Artículo tres)

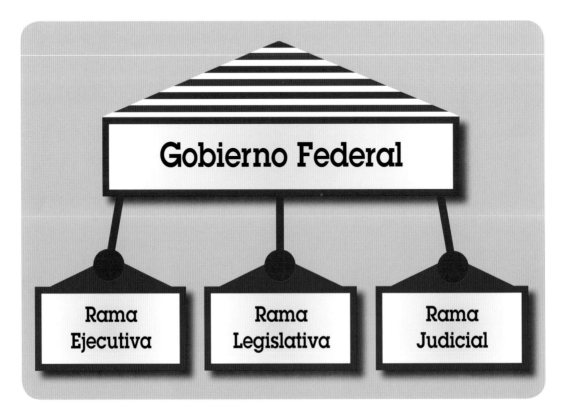

★ Aquí vemos a los jueces de la Corte Suprema.

Los primeros tres artículos describen las tareas de cada rama del gobierno. La rama legislativa elabora las leyes para el país. La rama ejecutiva verifica que se respeten las leyes. La rama judicial decide si una ley ha sido quebrantada.

Cada rama del gobierno federal se reúne en Washington, D.C.

Los primeros tres **artículos** explican cómo deben trabajar juntas las tres ramas. Cada una de ellas desempeña distintas tareas, pero deben estar de acuerdo con las decisiones de las otras dos ramas. Una rama no puede tomar decisiones para todo el país.

Artículo cuatro: Gobiernos estatales

El artículo cuatro describe cómo los **gobiernos estatales** trabajan con el **gobierno federal**. También detalla cómo los estados trabajan entre sí. El artículo cuatro establece que cada estado puede elaborar sus propias **leyes**. Los estados también deben respetar las leyes federales.

★ Cada estado tiene su propio gobierno.

Artículo cinco:
Cómo modificar la Constitución

La Vigesimoséptima Enmienda fue la última enmienda incorporada a la Constitución.

La Constitución puede ser **enmendada** (modificada). El artículo cinco describe cómo enmendar la Constitución. Lleva mucho tiempo añadir una nueva **enmienda** a la Constitución. Las personas que trabajan en el **gobierno federal** y en los estados deben votar a favor de la enmienda para que ésta pueda ser incorporada.

El artículo cinco ayuda al gobierno a satisfacer las necesidades de su pueblo.

El artículo cinco hace de la Constitución un documento especial. Permite que se modifique la Constitución cuando las necesidades de los **ciudadanos** estadounidenses cambien. La Constitución puede enmendarse en cualquier momento.

Artículo seis: Pagar las deudas

El artículo seis establece que el **gobierno federal** pagará el dinero que adeude a otras personas o países. Este artículo fue escrito porque los padres fundadores querían asegurarse de pagar todas las deudas contraídas por el nuevo país.

La Constitución comunica al pueblo estadounidense que los Estados Unidos saldarán sus deudas.

Artículo siete:
Aprobación de la Constitución

El artículo siete explica cómo fue **ratificada** (aprobada) la Constitución de los Estados Unidos. Nueve de trece estados debían votar a favor de la Constitución para que ésta se convirtiera en **ley**. El artículo siete incluye las firmas de los miembros de la **Convención Constituyente**. Todos los miembros de la convención aprobaron el documento.

Las enmiendas

Las **enmiendas** constituyen la última parte de la Constitución de los Estados Unidos. Las enmiendas son las modificaciones que se han hecho a la Constitución. Estas modificaciones son nuevas **leyes** que se incorporan a la Constitución.

Las primeras diez enmiendas se ratificaron (aprobaron) el 15 de diciembre de 1791. El conjunto de éstas se llama la **Carta de Derechos**. Estas diez leyes protegen los derechos o las libertades individuales. Se agregaron tan sólo cuatro años después de redactarse la Constitución.

Congress of the United States

begun and held at the City of New-York, on
Wednesday the Fourth of March, one thousand seven hundred and eighty nine

THE Conventions of a number of the States, having at the time of their adopting the Constitution, expressed a desire, in order to prevent misconstruction or abuse of its powers, that further declaratory and restrictive clauses should be added: And as extending the ground of public confidence in the Government, will best ensure the beneficent ends of its institution.

RESOLVED by the Senate and House of Representatives of the United States of America, in Congress assembled, two thirds of both Houses concurring, that the following Articles be proposed to the Legislatures of the several States, as amendments to the Constitution of the United States, all, or any of which Articles, when ratified by three fourths of the said Legislatures, to be valid to all intents and purposes, as part of the said Constitution; viz.

ARTICLES in addition to, and amendment of the Constitution of the United States of America, proposed by Congress, and ratified by the Legislatures of the several States, pursuant to the fifth Article of the original Constitution.

Article the first... After the first enumeration required by the first Article of the Constitution, there shall be one Representative for every thirty thousand, until the number shall amount to one hundred, after which the proportion shall be so regulated by Congress, that there shall be not less than one hundred Representatives, nor less than one Representative for every forty thousand persons, until the number of Representatives shall amount to two hundred, after which the proportion shall be so regulated by Congress, that there shall not be less than two hundred Representatives, nor more than one Representative for every fifty thousand persons.

Article the second... No law, varying the compensation for the services of the Senators and Representatives, shall take effect, until an election of Representatives shall have intervened.

Article the third... Congress shall make no law respecting an establishment of religion, or prohibiting the free exercise thereof; or abridging the freedom of speech, or of the press; or the right of the people peaceably to assemble, and to petition the Government for a redress of grievances.

Article the fourth... A well regulated militia, being necessary to the security of a free State, the right of the people to keep and bear arms, shall not be infringed.

Article the fifth... No Soldier shall, in time of peace be quartered in any house, without the consent of the owner, nor in time of war, but in a manner to be prescribed by law.

Article the sixth... The right of the people to be secure in their persons, houses, papers, and effects, against unreasonable searches and seizures, shall not be violated, and no Warrants shall issue, but upon probable cause, supported by oath or affirmation, and particularly describing the place to be searched, and the persons or things to be seized.

Article the seventh... No person shall be held to answer for a capital, or otherwise infamous crime, unless on a presentment or indictment of a Grand Jury, except in cases arising in the land or naval forces, or in the Militia, when in actual service in time of War or public danger; nor shall any person be subject for the same offence to be twice put in jeopardy of life or limb; nor shall be compelled in any criminal case to be a witness against himself, nor be deprived of life, liberty, or property, without due process of law; nor shall private property be taken for public use, without just compensation.

Article the eighth... In all criminal prosecutions, the accused shall enjoy the right to a speedy and public trial, by an impartial jury of the State and district wherein the crime shall have been committed, which district shall have been previously ascertained by law, and to be informed of the nature and cause of the accusation; to be confronted with the witnesses against him; to have compulsory process for obtaining witnesses in his favor, and to have the assistance of counsel for his defence.

Article the ninth... In suits at common law, where the value in controversy shall exceed twenty dollars, the right of trial by jury shall be preserved, and no fact tried by a jury, shall be otherwise re-examined in any Court of the United States, than according to the rules of the common law.

Article the tenth... Excessive bail shall not be required, nor excessive fines imposed, nor cruel and unusual punishments inflicted.

Article the eleventh... The enumeration in the Constitution, of certain rights, shall not be construed to deny or disparage others retained by the people.

Article the twelfth... The powers not delegated to the United States by the Constitution, nor prohibited by it to the States, are reserved to the States respectively, or to the people.

ATTEST,

Frederick Augustus Muhlenberg, Speaker of the House of Representatives.
John Adams, Vice President of the United States, and President of the Senate.

John Beckley, Clerk of the House of Representatives.
Sam. A. Otis Secretary of the Senate.

> ★★★ Se aprobaron diez de las primeras doce enmiendas y se convirtieron en la Carta de Derechos.

¿Por qué es importante la Constitución?

La Constitución de los Estados Unidos es la **ley** suprema del país. La Constitución creó el **gobierno federal.**

★★★ La Constitución otorgó a los habitantes de los Estados Unidos derechos y libertades.

La Constitución establece los derechos de las personas que habitan los Estados Unidos. Ha sido escrita para proteger los derechos de los habitantes de los Estados Unidos.

★ Puedes ver la Constitución en Washington, D.C.

Glosario

aprobar estar de acuerdo con algo

artículo parte o división de un escrito en un texto. La Constitución de los Estados Unidos contiene siete artículos.

Artículos de la Confederación documento que estableció cómo el gobierno regiría a todos los estados

Carta de Derechos las primeras diez enmiendas. Estos cambios se añadieron para proteger los derechos (libertades) de los habitantes de los Estados Unidos.

ciudadano persona nacida en los Estados Unidos. Las personas que se han mudado a los Estados Unidos desde otro país se pueden convertir en ciudadanos si aprueban un examen.

Convención Constituyente reunión que tuvo lugar en la ciudad de Filadelfia. Los hombres que asistieron a esta reunión decidieron redactar la Constitución de los Estados Unidos.

derechos libertades que tienen las personas. Entre los derechos se incluye el derecho a expresar y escribir lo que pensamos.

documento texto escrito. La Constitución de los Estados Unidos es un documento.

enmendar cambiar una parte de un texto. La Constitución se puede enmendar mediante la incorporación de una nueva ley.

enmienda modificación realizada a un escrito. La modificación puede ser un cambio o un agregado al texto. Cuando se realiza una enmienda a la Constitución se añade una nueva ley.

gobierno estatal grupo de dirigentes que gobierna un estado. Cada estado en los Estados Unidos tiene un gobierno estatal.

gobierno federal grupo de dirigentes que gobiernan todo el país. En un gobierno federal, el país se compone de muchos estados.

ley norma que debe ser respetada en un estado o país

preámbulo primera parte de un texto. Se incluye para informar acerca de por qué se ha escrito el **documento**.

rama ejecutiva parte del gobierno federal de los Estados Unidos. Controla que se respeten las leyes en los Estados Unidos.

rama judicial parte del gobierno federal de los Estados Unidos. Verifica que se comprendan las leyes en el país.

rama legislativa parte del gobierno federal de los Estados Unidos que elabora las leyes. El Congreso es la rama legislativa.

ratificar estar de acuerdo con algo

Descubre más

Lectura adicional

Un adulto puede ayudarte con estos libros:

Colman, Warren. *La Constitución*. Children's Press, 1989.

Levy, Elizabeth. *If You Were There When They Signed the Constitution*.
  New York: Scholastic, 2006.

Maestro, Betsy and Maestro, Guilio. *Una unión más perfecta: La historia de nuestra constitución*. Lectorum, 1992.

Sitios Web

Ben's Guide to U.S. Government
Visita **http://bensguide.gpo.gov/** para disfrutar de juegos y aprender todo sobre el gobierno de los Estados Unidos.

Dónde se encuentra la Constitución de los EE.UU.

La Constitución de los Estados Unidos se exhibe en la Rotonda en los Archivos Nacionales. La Rotonda abre todos los días de 9 a.m. a 5 p.m.

La dirección de los Archivos Nacionales es:
700 Pennsylvania Avenue, NW
Washington, D.C. 20408

Índice